De l'Imprimerie de la Veuve QUILLAU, 1761.

MÉMOIRE SIGNIFIÉ,

POUR la Veuve & Héritiers du sieur GABRIEL-FRANÇOIS QUILLAU, Libraire-Imprimeur à Paris, Appellans.

CONTRE Demoiselle ANTOINETTE GUYOT DESFONTAINES, *Héritiére du feu sieur Abbé* DESFONTAINES *son Oncle*, Intimée.

LE partage des Héritiers d'un homme de Lettres, qui ne laisse pour bien que sa réputation & quelques Livres, est la gloire du nom. L'Intimée, niéce du feu sieur Abbé Desfontaines, si connu par ses ouvrages polémiques, veut quelque chose de plus solide que cette gloire, & prétend améliorer sa succession bénéficiaire aux dépens des Imprimeurs du défunt.

Le feu sieur Quillau a contracté avec l'Abbé Desfontaines, une societé pour l'impression d'un de ses ouvrages. Il est dit dans l'Acte que, les frais prélevés, l'Auteur & le Libraire partageront par moitié le bénéfice de la vente, à fur & à mesure du débit des exemplaires. Une partie considérable de l'édition est restée dans le magasin. L'Intimée veut que le Libraire lui en donne le prix. Ce dernier offre d'en compter lors de la vente, & de représenter les exemplaires en nature. L'Intimée, lasse d'attendre le public, exige de l'argent comptant. C'est la question principale du procès.

Les Héritiers Quillau ont pour eux le principe ordinaire des societés, & les conventions de l'Acte. On s'efforce de tirer la cause des regles générales à la faveur d'une fraude imaginaire, qu'on prétend faire envisager comme possible. L'Intimée, *folio* 77 *recto* de ses réponses à griefs, nous apprend elle même que les premiers Juges *ont parfaitement saisi ce moyen*. Des productions postérieures à l'appel, démontrent l'impossibilité de cette fraude. La Sentence en ce chef, le plus intéressant de la contestation, est donc sans appui, & par cela même ne forme point de préjugé.

A

F A I T.

Par Acte du 22 Juin 1741, l'Abbé Desfontaines vendit au sieur Quillau son Manuscrit de la *traduction des Œuvres de Virgile*, prix, 1800 liv. payables à des termes assez éloignés ; un tiers après l'obtention du privilége, l'autre tiers après l'édition, le restant lors de l'ouverture de la vente. C'est une inattention du Défenseur de l'adversaire d'avoir nié la réalité de cet acte qui se trouve dans nos productions.

Peu après, l'Abbé Desfontaines parut desirer une societé. Le sieur Quillau son ami se prêta de bonne grace à résilier la vente. Le 8 Février 1742, nouveau traité dont il faut prendre les dispositions.

Quillau se charge de l'impression & des avances ; consent encore de prêter à l'Abbé Desfontaines 1200 liv. desquelles, ainsi que de ses frais, il se remboursera sur les premiers deniers de la vente : convention, qu'après ce prélèvement, le profit se partagera par moitié : que tous les trois mois, Quillau comptera de la vente des exemplaires, sur le prix de campagne qui sera reglé de concert, & qu'enfin au cas du décès de l'Auteur, le privilége appartiendra au Libraire en payant par celui-ci 1000 liv. aux héritiers du premier.

Il suffit de comparer ces deux actes, pour sentir combien la seconde convention, substituée à la premiere, avantageoit l'Auteur. On ne doit pas douter de l'exactitude de ce dernier à se faire compter les 1200 liv. du prêt stipulé. Nous en rapportons la quittance.

Par les ordres, & sous les yeux de l'Abbé Desfontaines, le Virgile fut imprimé en trois formats différens.

Le premier, en quatre volumes *in-8°.* orné d'estampes gravées avec recherche, contient le Latin & le François ; on en tira 517 exemplaires.

Le second, pareillement en quatre volumes, petit papier & sans figures, réunit le Latin & le François ; on en tira 2034.

Le troisieme, en trois volumes, petit papier, & sans figures, présente le François seul ; on en tira 1030.

On sent dès-lors les vûes de l'Auteur dans la division de ces formats, & le nombre inégal des exemplaires qui s'y referent.

Le premier, par la beauté du papier & le mérite des estampes, réservé aux curieux & aux amateurs, dont le nombre est petit ; on en tire infiniment moins que des deux autres.

Le second, dépouillé des ornemens du premier, unissant le Latin au François, Livre classique, à l'usage de tout le public ; le nombre des exemplaires est considérable.

Le troisieme, où le Latin est écarté, & dont on tire la moitié moins que du précédent, uniquement destiné aux Dames, l'Auteur se flatoit de piquer leur goût, en leur offrant dans leur langue naturelle, maniée avec art & avec soin, les graces du Poëte célebre qui avoit fait les délices de l'ancienne Rome; ce format n'a point prospéré; les Dames ont peu acquis : l'Abbé Desfontaines avoit mal saisi leur goût.

En 1745, l'Auteur mourut. Quillau n'étoit point encore remboursé de ses frais d'impression, ni des 1200 livres prêtées; nul mémoire arrêté, & on en sent aisément la raison : l'Abbé Desfontaines qui ne devoit rien toucher de longtems, n'étoit pas pressé de compter.

A sa mort, parut une foule de Créanciers. Le plus animé d'eux étoit le sieur Gaudion, titulaire d'une Chapelle dont le défunt avoit été pourvu; ce dernier, suivant l'usage de tous les Bénéficiers, en avoit laissé dépérir les biens. (Un Auteur bénéficier est encore moins dans le cas de s'écarter de l'usage). Gaudion, Créancier de ces réparations, se mit en devoir de discuter l'Héritiere bénéficiaire.

Quillau se trouvoit en avance, ne devoit rien à la succession. Par une suite de l'amitié qu'il avoit vouée à l'oncle, il vint au secours de la niece, & parut dans une transaction du 26 Mars 1749, passée avec le fondé des pouvoirs de Gaudion. Il est essentiel de prendre en substance les clauses de ce nouvel acte.

Quillau s'oblige de fournir pour 900 francs de Livres de son fonds à l'Abbé Gaudion, en l'acquit de la Demoiselle Desfontaines. La livraison est justifiée par les quittances; il s'oblige encore de payer en effets de même nature, 900 liv. à d'autres Créanciers délégués, dont une partie est acquittée : les Héritiers Quillau sont à découvert pour le surplus. Ils peuvent être forcés, d'un instant à l'autre, de le solder, & les deniers doivent rester dans leurs mains.

Les frais de gravûre & d'impression, sont reglés à 19682 liv. 18 s.

Le prix sur lequel le Libraire doit compter, à fur & à mesure de la vente des exemplaires de chaque format, est fixé de la maniere suivante : 30 liv. le premier, 8 liv. le second, 6 liv. le troisieme.

Enfin on tombe d'accord qu'il prélévera le tout avant partage, & qu'en payant les 1000 liv. convenus par le traité de 1742, il sera proprietaire du privilége.

Quillau est mort en 1752. Il a offert plusieurs fois de son vivant le compte à l'Intimée, & ses Héritiers ont réiteré les mêmes offres. Celle-ci se sentant débitrice, loin d'être créanciere, a toujours éludé l'opération ; elle a même demandé quelques avances d'argent. On l'a refusée ; *indè iræ.* Le 16 Décembre 1752, elle fit assigner au Châtelet la Veuve Quillau aux fins de lui payer 9000 liv.

La réplique à l'assignation fut l'offre du compte. Un nouvel événement, dont nous allons parler, fit croire à la Demoiselle Desfontaines qu'elle pourroit tirer parti de son action.

En 1754, l'édition du second format, Latin & François, petit papier, sans figures, se trouvant épuisée, les Héritiers Quillau en firent faire une seconde. Ils étoient depuis longtems propriétaires du privilége. La condition pour l'acquérir étoit de leur part le payement de 1000 liv. & ce payement se trouvoit effectué singuliérement par les sommes payées aux créanciers de la Demoiselle Desfontaines, en conséquence des engagemens de la transaction de 1749, engagemens étrangers au traité primitif & souscrits gracieufement par l'Imprimeur pour obliger l'Héritiére : cette seconde édition du format épuisé, ne nuisoit point au débit des deux autres destinés à des classes singulieres d'acquéreurs auxquels le format moyen ne convient pas. Dans cette réimpression, les Héritiers Quillau n'ont fait qu'user de leur droit.

L'Intimée a présenté cette démarche comme portant un préjudice sensible aux intérêts de la Société. La nouvelle édition, nous a-t-elle dit, décrédite les deux formats de la précédente qui restent dans le magasin ; vous me devez, à ce titre, le prix en argent des exemplaires restans, dont la seconde édition rend la vente ou difficile, ou impossible. En conséquence, elle présente un compte relatif à ce système. La recette 37962 liv. : la dépense 27248 liv. : la dépense distraite de la recette reste 10713 liv. 3 f. à partager entre les Associés. La moitié de l'Intimée, jointe aux 1000 liv. prix convenu du privilége, lui revient 6356 liv. 11 f. de bon.

A ce compte idéal nous en opposons un plus judicieux. Recette 23376 liv. ; la dépense en deux articles séparés, 22344 liv. 18 f. d'une part, 2128 liv. de l'autre : les 1000 liv. prix du privilége, payées par compensation, l'Intimée est notre débitrice dans l'état présent de 612 liv. 9 f.

La précision du mémoire écarte le détail de ces opérations consignées dans les écritures, les calculs sont exacts. La disparité des deux comptes vient uniquement de la différence des systêmes respectifs, d'après lesquels chaque Partie a opéré. Pour justifier le compte des Appellans, il suffira d'établir les articles qu'on leur conteste.

Le systême de l'Intimée a prévalu devant les premiers Juges. Nous en avons dit la raiſon en commençant ; raiſon qui ne ſubſiſte plus. Les Héritiers Quillau ſont condamnés à lui payer 6356 liv. 11 ſ.

Un premier Arrêt de la Cour a ordonné l'exécution proviſoire de la Sentence au chef ſeulement, qui concerne le payement des 1000 liv. prix du privilége. Cet Arrêt conſerve ſur le ſurplus des condamnations les défenſes précédemment obtenues. Ces 1000 liv. ont été payées.

La cauſe préſente quatre chefs de conteſtation :

1°. Des 517 exemplaires du premier format, dont il faut déduire 61 donnés en préſent, du vivant de l'Auteur, (déduction avouée) il en a été vendu 100 par ſouſcription à raiſon de 24 liv. chacun. L'Intimée veut qu'on lui en compte au prix de 30 liv. premiere difficulté qui enfle ou diminue la recette de 600 livres.

2°. Il convient déduire 262 liv. pour des exemplaires fournis à un Libraire d'Hollande tombé en faillite, & qui n'a point payé le prix de ſon achat. La Demoiſelle Desfontaines rejette cette déduction : ſeconde difficulté.

3°. L'Auteur a fait un Mémoire très-connu dans une affaire perſonnelle qu'il eut en 1744, avec l'Abbé de Gourné, Auteur du Géographe Méthodique. Il eſt dû aux héritiers Quillau 328 liv. pour ſon impreſſion. L'Intimée les refuſe : troiſiéme difficulté.

4°. Du premier format, il reſte en magaſin 250 exemplaires à vendre, & du troiſiéme format deſtiné aux Dames, 620. Les Appellans offrent de les repréſenter ; l'Intimée en veut le prix : quatriéme difficulté la plus importante de la cauſe.

5°. Les 1000 liv. prix du Privilége, étoient payées par compenſation antérieurement à la ſeconde édition ; elles ont été payées une ſeconde fois en exécution de la Sentence. La répétition en eſt-elle dûe aux Appellans ? derniére difficulté.

PREMIER CHEF.

L'Intimée qui convient des 100 exemplaires vendus 24 livres par ſouſcription, prétend que ce prix ne doit pas faire le ſien, par les raiſons ſuivantes :

Un Imprimeur qui annonce des ſouſcriptions, engage le public à lui prêter une partie des fonds néceſſaires pour travailler à l'édition. Quillau étoit tenu d'en avancer les frais par l'acte de ſociété. Les Souſcripteurs lui ont fait un prêt perſonnel dont il recueilloit ſeul l'avantage. La Société ne devoit point entrer dans cette diminution de prix qui n'a été d'aucune utilité à l'Auteur.

Réponfes. Quillau, acquéreur dans le principe de l'ouvrage, moyennant 1800 liv. payables à des termes affez éloignés, fe porte par amitié pour l'Auteur à réfilier cette vente ; confent gratuitement un acte de fociété, & lui fait des conditions infiniment meilleures. Au décès de l'Abbé Desfontaines, il vient au fecours de fa niéce, s'oblige pour elle volontairement à fes Créanciers, & s'impofe des engagemens étrangers à fon traité primitif. Chicaner enfuite avec fon bienfaiteur, & ne pas vouloir paffer dans le compte le prix des cent exemplaires vendus par foufcription, d'abord c'eft au moins une difficulté de très-mauvaife grace.

En fecond lieu, cette difficulté n'eft pas fondée.

La Soufcription a été offerte au vû & fçû de l'Abbé Desfontaines. Son objet, en y concourant, étoit d'accélérer l'opération & la vente, afin de toucher plutôt le bénéfice qu'il s'en étoit promis. La Soufcription étoit utile à l'Auteur. L'acte conftituoit Quillau mandataire de la fociété, à l'effet de vendre l'ouvrage. L'annonce de la foufcription par le mandataire eft l'annonce de la fociété même : c'eft la fociété qui préfente la foufcription ; c'eft elle qui vend. Il eft de principe que les Actes du mandataire de la fociété font communs à tous les intéreffés, & qu'il n'eft pas tenu de compter au-delà du prix réel de la vente ; d'ailleurs, c'eft la pratique conftante de la Librairie en matiére de foufcriptions.

Inutile de dire que la tranfaction de 1749 régle le prix des exemplaires de chaque format, ceux du premier à raifon de 30 livres, & que Quillau n'a point fait de réferve pour les cent vendus feulement 24 liv. par foufcription. Le but principal de cet Acte étoit de dégager la Demoifelle Desfontaines des pourfuites de fes Créanciers. Si lors Quillau ne fit point de réferve à cet égard, c'eft qu'il ne s'agiffoit pas de compter du produit de la vente, c'eft qu'une pareille reprife fe place naturellement dans le compte, & fe trouvoit étrangere à la tranfaction où l'on ne comptoit pas. On y régle à la vérité le prix de chaque format, mais c'eft un réglement qui fe référe à la pluralité morale des exemplaires, & qui n'exclut point les reprifes particulieres du compte futur. Il faudroit une renonciation précife de Quillau pour foutenir l'argument. Son filence ne peut détruire un fait certain, & la déduction néceffaire qui en réfulte. Ce fait certain eft que la foufcription a été offerte au vû & fçû de l'Abbé Desfontaines, qu'elle lui étoit utile, que l'acte du mandataire de la fociété engage tous les Affociés, & leur eft propre, qu'on ne peut le forcer à compter d'un objet fingulier au-deffus du prix effectif de la vente. Les circonſtances annoncent la défaveur de cette difficulté, les principes & l'uſage la condamnent.

SECOND CHEF.

Le Sieur, Libraire d'Amſterdam, ayant demandé à crédit un certain nombre d'exemplaires du Virgile au feu ſieur Quillau, Lettre de ce dernier du 26 Octobre 1743, où il marque à l'Auteur qu'il attend ſon avis. Le même jour & ſur la même Lettre, réponſe de l'Abbé Desfontaines, par laquelle il approuve la vente & le crédit.

Le 24 Décembre 1743, le Sieur, en conſéquence de la livraiſon, fait à Quillau ſon Billet à ordre de 240 livres, *valeur reçue*, payable dans quatre mois.

Trois Sentences des Conſuls juſtifient des procédures employées pour parvenir au payement, & des frais qui ont été faits à ce ſujet. Le Billet & les frais ſont encore à payer. Il eſt de régle que l'aſſocié partage les pertes, ainſi que les profits de la ſociété. Les Appellans couchent en dépenſe cet article qui monte à 262 l. l'Intimée s'y refuſe.

Son défenſeur ſe retourne en tous les ſens pour pallier l'injuſtice de ce refus.

Primò, dit-on, il faut pluſieurs actes de foi pour ſe perſuader que cette perte eſt réelle, & nous regarde.

Il faut croire ſur votre parole, car rien ne le prouve, que le Billet de le Sieur a pour cauſe la livraiſon articulée des exemplaires du Virgile.

Il faut croire ſur la même garantie, que les Sentences des Conſuls n'ont eu aucune exécution utile.

Il faut croire encore que le Sieur a failli, & qu'il n'a pas acquitté par la remiſe d'autres Livres de ſon fond, le montant de ſon Billet. C'eſt par des échanges que les Libraires ſoldent communément leurs Billets réciproques, & Quillau n'aura pas manqué de ſaiſir cette voye pour ſe tirer d'affaire vis-à-vis le Libraire Hollandois.

Vous ne pouvez établir cette perte que par la vérification des Livres & comptes reſpectifs de Quillau & de le Sieur.

Secundò. La tranſaction de 1749 fait une fin de non - recevoir contre cet article de dépenſe. Il n'y eſt point parlé de cette perte. Il y a plus. Par le premier traité de 1742, on étoit convenu de diſtraire cinquante exemplaires de l'édition, pour en faire des préſens en commun. Par la tranſaction de 1749, il eſt dit qu'il ſera diſtrait 61 exemplaires du beau format, & 117 du format latin & françois, *qui ont été partagés, du vivant de l'Auteur, entre lui & le ſieur Quillau, ou dont ils ont fait en commun des préfens.* L'Intimée prétend que la perte des exemplaires livrés à le Sieur, est entrée dans cette nouvelle diftraction. Elle offre de l'affirmer.

Réponfes. D'abord les deux objections fe contredifent. Vous niez la perte alléguée & les faits qui en font la preuve, & vous prétendez que la claufe de la tranfaction a fait raifon de cette perte. Vous offrez de l'affirmer. La Sentence vous en impofe la condition pour gagner ce chef, & vous foutenez le bien jugé de la Sentence. La perte eft donc bien réelle de votre propre aveu, puifque vous ne pouvez refufer d'en faire raifon que fur le fondement qu'il en a été tenu compte.

D'ailleurs, qu'on compare la Lettre de Quillau fur la demande de le Sieur, la réponfe de l'Abbé Desfontaines, le billet de le Sieur, les termes, *valeur reçue*, s'appliquent néceffairement à la livraifon des Livres demandés & accordés. Cette relation eft établie d'une maniere fuffifante en matiere de commerce, dont l'ame eft la bonne foi.

Le billet eft dans la production des Appellans, à côté des trois Sentences des Confuls; donc il n'a pas été acquitté; donc ces jugemens n'ont pas eu d'exécution utile. La repréfentation du billet épargnera les frais du voyage qu'on nous invite de faire à Amfterdam, pour compulfer les Regiftres du Libraire Hollandois. C'eft plus qu'il n'en faut pour détruire la premiere objection. Perte certaine d'après vos propres aveux, d'après le difpofitif de la Sentence que vous foutenez, & dont vous offrez de remplir les conditions.

La feconde objection n'eft pas meilleure.

Silence de la tranfaction fur cette perte. L'erreur de l'Intimée eft de donner perpétuellement cet acte pour un compte fait entre les Parties, & par cette raifon, d'écarter tous les prélèvemens qu'elle n'y trouve pas écrits. La tranfaction n'eft point un compte. On y regle feulement les frais d'impreffion, le prix de chaque format, & le nombre des exemplaires, ou donnés en préfent, ou partagés du vivant de l'Abbé des Fontaines entre les deux contractans. La perte du billet de le Sieur devoit trouver fa place dans le compte à faire du produit de la vente. La tranfaction ne le fait pas. Les Sentences des Confuls font de 1744, la tranfaction de 1749, *folio 60 verfo* de fes réponfes à griefs, l'Intimée nous apprend elle-même, qu'alors Quillau n'avoit pas perdu entierement l'efpérance de faire ce recouvrement. Si cela eft, le filence de la tranfaction fur cet objet eft encore d'une moindre conféquence; ce filence même feroit inutile

dans

dans un compte en regle dont on est toujours reçu à réparer les omissions. En un mot, j'ai vendu à crédit, de votre consentement. Nous comptons pour la premiere fois du produit de la vente. Je ne vous dois pas en argent ce que je n'ai touché qu'en papier. Je vous représente le billet, & par conséquent, &c.

La clause de la transaction, *sera distrait 61 exemplaires du beau format, 117 du format Latin & François, ou donnés en présens, ou partagés du vivant de l'Auteur*, ne fait pas raison de la perte, & ne s'y applique en aucune maniere. Les exemplaires, livrés & vendus à le Sieur, n'ont pas été donnés en présent, n'ont pas été partagés. On ne partage pas en nature, & on ne fait pas des présens de ce qu'on vend.

L'affirmation déférée sur ce chef à l'Intimée par la Sentence, est absolument déraisonnable. Ici nous avons un titre commun, l'acte de société, selon lequel vous devez partager les pertes ainsi que les profits : la perte est justifiée. Vous prétendez m'en avoir fait raison : *Reus excipiendo fit actor.* Prouvez votre fait. Votre affirmation est inutile pour détruire une déduction, dont le titre commun vous charge. Affirmation déférée contre le titre.

TROISIEME CHEF.

Le payement du Mémoire imprimé pour l'Abbé Desfontaines, dans son affaire contre l'Abbé de Gourné.

Ce Mémoire qui orne les Cabinets des curieux fut publié en 1744, avec la plus belle exécution typographique. L'Auteur en fit passer utilement 500 exemplaires dans le public qui le reçut avec faveur. L'intérêt personnel de l'Abbé Desfontaines, qui travailloit pour lui-même, rendoit encore la composition plus piquante. Nos titres à cet égard sont :

1°. Le Mémoire même ; il est fait, il faut le payer.

2°. Le Journal du feu sieur Quillau ; il y est marqué que l'ouvrage contient huit feuilles à raison de 36 liv. chacune, que l'Auteur en fit tirer 500 exemplaires, qu'il exigea, après les planches finies, des changemens considérables. Le tout fixé dans ce Journal à 328 liv.

3°. Une Lettre par laquelle l'Abbé Desfontaines accuse la réception de son Mémoire, témoigne qu'il en est très-satisfait, & promet à son Imprimeur d'en compter ; ce qui indique, non des espéces à réaliser, mais un payement qui devoit naître du compte ouvert entre les parties sur la vente du Virgile.

B

Objections. La Lettre n'est point datée, obligation nulle : la dette est prescrite par le terme de six mois ou d'un an, selon les articles 126 & 127 de la Coutume ; enfin nulle mention de cet objet dans la transaction de 1749, il étoit donc dès lors acquitté.

Réponses. A la vérité, l'Abbé Desfontaines a oublié de dater sa Lettre, mais cet oubli peut-il vitier la reconnoissance qu'elle contient ? Où est la Loi qui dit que le défaut de date de l'obligation en fait la quittance dans le cas spécifique où les Parties sont en compte ouvert, & le payement de la promesse renvoyé aux opérations du compte ? D'ailleurs cette Lettre reçoit une date précise & déterminée au 29 Février ou au premier Mars 1744 ; en la comparant au Livre-Journal de Quillau, vous ne pouvez pas diviser nos titres, & par conséquent, &c.

La prescription objectée des articles 126 & 127 de la Coutume, s'écarte par le texte même de ces articles.

Cette prescription a lieu contre les Ouvriers ou Marchands qui n'ont point formé leur action dans le terme de six mois ou d'un an, mais avec cette exception, *sinon qu'il y eut cédule ou obligation par écrit*, dit la Coutume. La cédule ou l'obligation, proroge l'action à 30 années. Cela est de principe élémentaire ; or, nous avons l'obligation de l'Abbé Desfontaines consignée dans sa Lettre. La Coutume prend elle même le soin de nous garantir de la prescription opposée.

La présomption de payement, naissante du silence de la transaction, est une chimere. Une présomption ne détruit pas un titre actif, & n'en supplée pas la quittance : mais la derniere clause de la transaction tranche toute difficulté à cet égard.

Se réservent les Parties, leurs droits respectifs au sujet de l'impression d'autres ouvrages que le Virgile ; parconséquent pour l'impression du Mémoire dont il s'agit.

Cette réserve, dit-on, a été uniquement stipulée par la Demoiselle Desfontaines pour l'impression d'un autre ouvrage de son oncle, intitulé *l'état de la Médecine.* L'Intimée appelle en témoignage de cette vérité Me Barrau, conseil de la transaction. Cet Avocat ne vit plus, & ne pourra pas lui donner de démenti ; mais sans évoquer les morts, lisez votre clause ; la réserve est commune & respective. Je l'ai stipulée, ainsi que vous. Si elle peut vous être utile pour l'impression de l'état de la Médecine, elle conserve mon droit pour l'impression du Mémoire en question, ce Mémoire m'est dû. Je le prouve ; l'affirmation déférée à l'Intimée par la Sentence, qu'elle n'a aucune connoissance de cette dette, est dérisoire. Son ignorance à cet égard ne me paye pas. D'ailleurs, elle doit connoître la dette, puisque son Auteur l'a reconnue. Affirmation encore déférée au Défendeur contre le titre.

QUATRIEME CHEF.

C'est le plus important de la cause. Il s'agit de sçavoir si je dois compte en argent des exemplaires qui n'ont pas été vendus, & que j'offre de représenter en nature.

L'adversaire convient du principe que le fond de la societé doit se partager en l'état où il est, que l'associé ne doit point compte en argent des marchandises restées dans le magazin. Il cherche à se tirer du principe par les circonstances.

Votre seconde édition décrédite la premiere, & rend le débit des exemplaires restans impossible.

Vous avez pû, en imprimant la seconde édition dans le même format que la premiére, substituer de nouveaux exemplaires à ceux de la précédente qui étoient déja vendus, & par cette substitution successive faire toujours paroître dans le magazin le restant prétendu de la premiére : c'est l'imputation écrite, pag. 12. *verso* du mémoire de l'Intimée en cause principale. On observoit, pour rendre cette substitution vraisemblable, que les trois formats de l'édition de 1743 ont le même caractère, le même nombre de lignes, & de pages, & ne sont variés que par la grandeur & la beauté du papier, la réunion des estampes, ou la jonction du françois au latin.

On a produit en la Cour, ce qu'on avoit négligé jusqu'alors, un exemplaire de chacun des formats de l'édition de 1743, & un exemplaire du format réimprimé en 1754.

Par rapport à ceux de la premiére édition, on voit que l'exemplaire pur François a été tiré sur une planche différente de celle qui pouvoit convenir aux deux autres : en beaucoup d'endroits, les pages contiennent plus de mots & ne finissent pas de même, ce qui indique une planche recomposée & propre à ce format singulier.

On voit en second lieu, & ceci décide, que les pages & lignes de l'exemplaire de la seconde édition ne se rencontrent nullement avec les pages & lignes de ceux de la précédente. La prétendue substitution est aujourd'hui démontrée impossible, & par conséquent, &c.

L'adversaire se replie, & imagine une nouvelle fraude pour suppléer celle que notre production lui ravit.

On a pû lors de la réimpression tirer sur la planche recomposée des exemplaires en grand papier, auxquels il est facile de joindre des estampes nouvelles, parce que les heritiers Quillau ont en leur possession les types des gravures. On a pû sur la même planche, & en moindre papier tirer l'exemplaire françois & latin, ou l'exemplaire pur françois, & se mettre à portée de satisfaire tous les goûts; aux curieux le grand format décoré de figures, aux dames le pur François, à la généralité du public l'exemplaire qui réunit le texte original à la traduction : la fraude est possible. Où est la garantie qu'elle n'a pas été pratiquée, & en la supposant, les exemplaires restans de la précédente édition deviennent inutiles, ou ne pourront être vendus qu'après que les Héritiers Quillau se seront défait avantageusement de la totalité de la seconde. C'est-à-dire, qu'en faisant semblant de réimprimer seulement le format épuisé, on nous accuse d'avoir réimprimé furtivement les deux autres.

Réponses. 1º. L'opération qu'on suppose seroit bien mal entendue. L'exemplaire orné, & le pur François, n'avoient pas réussi dans le tems, quoique aidés de la réputation de l'Auteur vivant, & de cette premiere fleur de célébrité qui accompagne toujours les productions nouvelles d'un Ecrivain à la mode. Il en restoit beaucoup à vendre, & on veut qu'après sa mort le Libraire instruit par l'expérience, ait fait la dépense de nouvelles estampes, de beau papier, d'impression pure Françoise, pour joindre ces nouveaux exemplaires aux premiers de pareille nature qui gardoient déja son magasin. L'Intérêt seul du Libraire démontre la chimére de cette fraude; premiere garantie qu'elle n'a point été pratiquée.

2º. Nous sommes d'accord aujourd'hui que la seconde édition differe essentiellement de la premiere, & qu'il n'est pas possible de les confondre. Si la fraude a été pratiquée, c'est pour en tirer quelque fruit, c'est pour vendre; or on défie l'Adversaire de prouver qu'il soit passé dans le public aucun exemplaire de la seconde édition en grand papier, orné d'estampes, ou pur François. Seconde garantie que la fraude n'a point été pratiquée.

Revenons donc à la vérité. Je n'ai réimprimé que le format épuisé. Cette édition a-t-elle rendu impossible la vente des deux autres? Voilà l'unique question.

Les amateurs du beau papier & des gravures, n'acheteront pas la réimpression qui ne satisfait pas leur goût, & prendront toujours le premier format dont il reste des exemplaires assortis à leur curiosité.

Les Dames, ou les Illitérés, ne payeront pas 8 liv. pour avoir un texte Latin dont ils n'ont que faire, tandis que pour 6 liv. ils ont celui seul qui leur convient; ainsi mon édition ne met aucun obstacle à la vente des exemplaires restans.

Mais, dit-on, l'épuifement du format moyen auroit mis les Acquéreurs dans la néceffité de fe rabattre fur les autres, & donné plus de faveur à leur débit.

Ceux auxquels la réunion des deux textes eft néceffaire, & qui ne veulent dépenfer que huit livres, n'acquierreront pas le pur Franҫois ; cela eft évident : s'accommoderont-ils davantage du format de trente livres ? Premierement, fuppofons que quelques-uns d'eux euffent franchi le pas, ce nombre feroit bien mincé, & le tort qui en refulteroit, bien léger. Or, que me demande-t-on pour le reparer ? vous compterez en argent des 250 exemplaires non vendus du premier format à raifon de 30 livres ; des 620 de ceux du troifieme, étrangers à ces acquéreurs, à raifon de 6 livres ; un dédommagement par fa nature préfente un acte de juftice, & celui-ci par fon excès dégénéreroit en une injuftice énorme. En fecond lieu, c'eft bien mal connoître le Public, que de dire que celui qui veut dépenfer 8 liv. pour avoir le François & le Latin, fera forcé de facrifier 30 livres à des fuperfluités de pure fantaifie, & d'acquérir l'exemplaire embelli d'eftampes. Cet homme fuivra les ventes, recherchera les Particuliers qui veulent fe défaire de leur Virgile, & trouvera à un prix modique ce qui feul convient à fon goût & à fa fortune. Ainfi nul dédommagement fur un tort imaginaire.

Mais, dit-on, j'ai fur l'appel un moyen nouveau que vos productions poftérieures m'ont offert.

La fraude qui avoit fait illufion aux premiers Juges eft difparue. Le moyen nouveau ne leur a pas été propofé. Infenfiblement tous les points d'appui de leur jugement s'écroulent, & le préjugé qui en naît s'évanouit.

Moyen nouveau. En 1754, quand vous avez fongé à la réimpreffion, vous avez remis un Exemplaire du format moyen à l'Abbé Durefnel, Cenfeur (cet Exemplaire eft produit). L'Académicien y a fait des additions importantes, des corrections, des retranchemens, & vous les avez fuivis dans la réimpreffion : de-là, deux conféquences. 1°. Le format moyen n'étoit pas épuifé, puifque vous en avez remis un à l'Abbé Durefnel ; 2°. c'eft une édition revue, corrigée, & perfectionnée par un homme célèbre, que vous avez préfentée au Public. L'effet d'une pareille édition eft de jetter dans un décri total les exemplaires reftans de la précédente. La diftinction des formats ne peut répondre à ce moyen.

La premiere conféquence eft puérile. J'étois le maître du privilége en payant 1000 liv. Pour en ufer, il falloit réimprimer. Pour réimprimer, il étoit néceſſaire de faire paſſer de nouveau le livre à la Cenſure. Perdre un exemplaire de dix écus pour le voir revenir de chez le Cenſeur chargé de ſes Obſervations & de ſes Notes, cela n'étoit pas praticable. J'ai donc été dans la néceſſité de garder un exemplaire moyen pour le ſacrifier à cette opération. Cette circonſtance peut-elle détruire la vérité du fait que ce format étoit épuiſé, & ſans ſon épuiſement l'aurois-je réimprimé ?

La ſeconde conſéquence diſparoit par l'explication du fait ; l'exemplaire qui a paſſé entre les mains du Cenſeur, eſt ſous les yeux de la Cour : elle peut à l'inſpection vérifier ce que nous allons dire.

L'Abbé Dureſnel n'a fait aucune addition, ç'eut été s'ériger en Auteur ; il n'étoit que Cenſeur : des additions de quelque conſéquence de ſa part l'euſſent aſſujetti lui-même à une nouvelle Cenſure ; il a fait quelques retranchemens, & en très-petit nombre. Sur quoi portent-ils ? ſur des traits cyniques familiers à l'Abbé Deſfontaines contre des Ecrivains qui méritoient conſidération ; par exemple, page 2. de la Préface, ces épitétes données à la Verſion du Pere Catrou, *toujours rampante & ſouvent burleſque*, ont été raiées comme trop fortes ; pages 49, 50, 51, & quelques autres de la Diſſertation ſur les Paſtorales, ce que diſoit l'Abbé Desfontaines des Poëſies de M. de Fontenelle en ce genre, le parallèle des graces ſimples, & du coloris naturel des Eglogues de Virgile avec le fard des Madrigaux du Berger bel Eſprit ; les exemples pris pour mettre en oppoſition les beautés ſolides de l'un & les défauts brillans de l'autre, tout cela, quoique rendu avec agrément & penſé avec juſteſſe, a été ſacrifié par les égards de l'Académicien Cenſeur pour le Doyen de l'Académie. D'ailleurs, nulle addition, nulle correction dans le corps de l'Ouvrage, quelquefois & très-rarement, un mot ſans conſéquence, une particule, ajoutés ou retranchés, pour donner au diſcours ou plus de clarté, ou plus de mouvement, changemens minutieux, ſur le mérite deſquels on pourroit très-bien diſputer. Qu'on ne diſe donc pas que nous avons offert au Public une édition plus parfaite par des corrections & des additions importantes d'un Académicien de réputation, que nous l'avons miſe en vente ſous cette annonce ; le contraire eſt écrit dans le frontiſpice de la ſeconde édition.

Il y a plus ; ces retranchemens, loin de donner du diſcrédit aux exemplaires reſtans ont dû leur acquérir plus de relief. Le Public goûte avec une ſorte d'avidité la critique des Ecrivains célèbres, ſur-tout quand elle part d'une plume exercée en ce genre, & d'un

Auteur connu, pour sçavoir apprécier avec finesse le mérite & les défauts d'un Ouvrage. Les Curieux préféreroient la premiere édition, si les formats qui restent étoient assortis à leurs besoins ou à leurs moyens.

Mais, dit-on encore, vous auriez dû attendre la vente totale des exemplaires de la premiere édition avant de songer à la seconde. C'est une erreur : dès-lors que la seconde a pour objet le format épuisé, & ne peut nuire à la vente des autres, j'ai eu droit de la faire, comme cessionnaire du privilége : en payant le prix, je dois jouir de la chose. S'il avoit fallu attendre que les exemplaires où le goût du Public a été mal saisi, eussent désamparé le magasin, quand aurois-je pû réimprimer ? Vous auriez le prix de la cession, & je serois frustré de son effet.

On nous conteste la propriété du privilége lors de la réimpression, & le payement des 1000 liv. par compensation. On en conclut, que les profits de la seconde édition appartenoient à la Société, & que le compte en argent des exemplaires restans de la premiere, est une juste indemnité des profits de la seconde, que nous nous sommes arrogés seuls au préjudice de la copropriété de notre Associé.

Réponses. 10. Nous avions payé ce privilége par compensation ; & pour abbréger toutes les questions, bornons-nous à un acte singulier & à une époque précise.

J'étois obligé d'avancer les frais d'impression, & de prêter 1200 liv. à l'Auteur : voilà les seules avances que m'impose l'acte de 1742, qui fonde la Société.

En 1749, l'Héritiere a besoin d'argent pour appaiser ses Créanciers : je me charge de les satisfaire jusqu'à concurrence de 1800 liv. c'est un prêt gracieux, de surérogation, absolument étranger aux conditions de mon premier engagement : j'ai payé depuis ces Créanciers : à fur & à mesure des payemens, j'éteignois la dette du privilége : lorsque j'en ai usé en 1754, j'avois acquitté le prix du transport par voie de compensation.

Inutile de dire que je n'ai pas stipulé dans la transaction de 1749, qu'en cas que j'usasse du privilége, son prix seroit compensé avec celui des créances que j'acquitterois, que je suis convenu d'ailleurs de me rembourser de ces sommes sur les deniers de la vente ; ce qui indique des avances peu susceptibles de compensation. Chacune de ces reprises est un sophisme.

Vous rendez hommage au principe déduit dans les écritures que la compensation est un payement légal que la coutume opére sans le ministére de l'homme, & quoiqu'il néglige de le stipuler ; le silence de la transaction est donc sans conséquence. Il y a plus : Quillau s'oblige pour la Demoiselle Desfontaines au payement de Gaudion & de quelques autres, & stipule qu'il sera le maître, s'il le juge à propos par la suite, d'user du privilége en payant 1000 liv. c'est une faculté potestative qu'il se menage, & sur laquelle il n'avoit point encore fait d'option. Il en usera ou n'en usera pas ; son silence sur une compensation qui devoit naître d'un futur contingent, est encore d'une moindre conséquence.

A l'égard de la clause qui indique mon remboursement des 1800 liv. sur les deniers de la vente, c'est une faveur encore que je vous ai faite, faveur étrangere aux conditions de ma Société, & faveur que vous ne pouvez rétorquer contre moi. Dès-lors que je n'avois pas opté d'acquérir le privilége, & que je vous prêtois 1800 livres sous la qualité d'Héritiere bénéficiaire, je n'avois point d'autre gage de mon remboursement que l'effet unique de la succession qui étoit la vente du Virgile. Ma stipulation faite pour ce cas étoit nécessaire ; mais au moment où me servant du privilége je devenois débiteur de cent pistoles ; à cet instant où j'ai mis cet effet de plus dans la succession, il est devenu mon gage susceptible de compensation avec ce que vous me deviez. Votre adresse est d'étendre une convention qui s'applique au moment présent à un événement futur qui peut améliorer la succession. Il faudroit une renonciation précise de ma part à la compensation sur le nouvel acquêt pour m'en exclure ; tout ce qui peut résulter de cette clause, c'est que si vous ne m'inquiétez pas pour le payement des 1000 liv. je dois attendre patiemment l'événement de la vente pour me rembourser des sommes avancées à vos Créanciers ; mais au moment où vous formez l'action de la dette du privilége, où vous demandez compte & partage, où vous portez dans le compte les 1000 liv. que je vous dois, j'y porte les 1800 liv. que vous me devez. Lisez avec exactitude la clause : Il est dit que je préleverai les 1800 liv. avant partage, l'action en prélèvement s'ouvre au moment où paroît l'action en partage. Les deux titres actifs se croisent, se balancent, se compensent : le sophisme est de confondre les avances dont j'étois tenu par le traité de société, sur lesquelles la compensation peut être douteuse avec le prêt de surérogation que je vous ai fait, indépendant de mes engagemens primitifs, & sur lequel la Loi & l'esprit de l'acte rendent la compensation juste & nécessaire.

2°.

2°. Et ceci tranche fans replique l'objection tirée du prétendu défaut de propriété & de compenfation.

Suppofons que la compenfation foit un problême, fuppofons encore que le problême fe réfolve contre moi, & que, par une erreur, bien excufable fans doute, il fe trouve que je me fuis fervi du privilége fans en avoir payé le prix ; que pouviez-vous demander dans votre fyftême? le compte & partage du bénéfice de la feconde édition? Vous n'en avez pas voulu : vous avez préféré les 1000 liv. prix de la ceffion du privilége. Votre option eft faite par vos demandes, & par la Sentence ; le payement confommé. Votre option a réparé mon erreur. Vous avez abdiqué la copropriété de la feconde édition, & par l'option de préférence vous en avez touché le bénéfice. Vous ne devez donc pas dire que les profits de cette feconde édition doivent entrer en confidération de l'indemnité que vous réclamez fur la premiere : tout ce qui regarde la feconde édition eft une affaire finie, & un objet pleinement acquitté felon vos défirs. Ainfi, en écartant la queftion de la compenfation & de la propriété, (la Cour eft fuppliée de prendre ce moyen décifif) je ne dois d'indemnité fur la premiere édition, qu'autant que la réimpreffion a fait tort à la vente des exemplaires reftans, & en proportion de ce tort. Nous avons prouvé que la réimpreffion ne nuit en aucune maniere à cette vente, & par conféquent, &c.

Mais, dit-on, calculons les gains réciproques. Quillau, par le rembourfement de fes frais d'impreffion, a les profits de fon art ; outre cela la moitié du bénéfice de la premiere édition, la totalité des profits de la feconde. J'abandonne les planches qui ont fervi aux gravûres ; qu'on compare fes gains avec le peu de fruit que tire la niéce d'un homme de Lettres des productions de fon oncle.

Vous avez touché votre part du bénéfice de la feconde édition, par votre option de préférence, & le payement des cent piftoles : article à écarter.

L'oncle ou la niéce ont reçu 1000 écus fur la premiere édition, & l'Auteur n'avoit prifé & vendu originairement fon manufcrit que 1800 livres.

Quillau a été obligé d'avancer près de 20000 liv. pour les frais de gravûre ou d'impreffion ; prêter 1200 liv. à l'oncle, 1800 liv. à la niéce : il a fallu fe rembourfer goutte à goutte, fans intérêts, & fur un débit très-lent de ces fommes importantes. Quelle perte pour un négociant dont les fonds doivent fructifier annuellement dans le commerce. Il refte dans le magazin 250 exemplaires du beau format de dix écus, 620 du format de 6 liv. quand seront-ils vendus? Le profit de la première édition est nul, & la perte des héritiers Quillau très considérable, si la prétention injuste de l'adversaire pouvoit réussir.

La cession du privilége emporte celle des planches des gravures utiles à la réimpression, abandon d'ailleurs infructueux, puisqu'on n'a pas réimprimé, & qu'on ne réimprimera jamais ce beau format qui dans la primeur a si mal réussi auprès du public.

D E R N I E R C H E F.

La répétition des 1000 liv, payées par compensation dès avant 1754, & payées une seconde fois en exécution de la Sentence : ce que nous avons dit plus haut suffit à cet égard.

L'Intimée demande encore 6000 livres de dommages & intérêts. Demande d'un ridicule si frappant, qu'il nous dispense de toute réponse.

Monsieur DE MONTHOLON, Rapporteur.

Me. DUVERT D'EMALLEVILLE, Avocat.

DESROZIERS, Proc.